DR. MYLES MUNROE

CLAVES *para el* CAMBIO

WHITAKER
HOUSE

Claves para el Cambio

Publicado originalmente en inglés bajo el título *Keys for Change*

ISBN: 978-1-60374-186-6
Impreso en los Estados Unidos de América

Whitaker House
1030 Hunt Valley Circle
New Kensington, PA 15068
www.whitakerhouse.com

Dr. Myles Munroe
Bahamas Faith Ministries International
P.O.Box N9583
Nassau, Bahamas
E-mail: bfmadmin@bfmmm.com
www.bfmmm.com; www.bfmi.tv;
www.mylesmunroe.tv

Traducción al español realizada por:
Si Señor, We Do Translations / Jorge Jenkins
P.O. Box 62, Middletown, DE 19709 EE.UU.
(302) 376-7259
sisenortra@aol.com

Para comentarios sobre este libro o para información acerca de otros libros publicados por Whitaker House, favor de escribir via Internet a: publisher@whitakerhouse.com.

1 2 3 4 5 6 7 8 9 10 11 12 17 16 15 14 13 12 11 10

INTRODUCCIÓN

Sin importar quién eres o dónde te encuentres— independientemente de tu país, raza, origen étnico, lenguaje, y disposición—el tiempo y el cambio te van a llegar a afectar. La vida continuamente nos está arrojando cambios a nivel personal, familiar, comunitario y nacional.

Tú tal vez sientes más trepidación que confianza con relación al hecho inevitable del cambio. Pero tu puedes aprender a abrazar el cambio con una actitud positiva, y a usarlo para que beneficie tu vida, así como la vida de los demás.

O tal vez, tú anticipaste el cambio en el futuro, y te encuentras muy emocionado acerca de ello. Tú puedes venir a ver los tiempos de transición con una perspectiva expansiva, pudiendo descubrir tremendas oportunidades para el crecimiento personal, profesional, y corporativo. Estas nuevas posibilidades sostienen un futuro muy emocionante para ti.

Sin importar la actitud actual que tengas con relación a las transiciones, *Claves para el Cambio* te va a ayudar a poder entender la naturaleza y la función que el cambio tienen tu vida. A medida que tu consideras estos principios y perspectivas acerca del cambio, vas a poder desarrollar la fe y el valor necesario para poder abrazar la siguiente estación o temporada de tu vida. El hecho de poder responder en forma efectiva ante el cambio inevitable, y de poder implementar el cambio que se desea, es el camino para poder llegar a cumplir el potencial que Dios te ha dado—y la única contribución que tu puedes dar a tu generación.

—Dr. Myles Munroe

El cambio es uno de los factores más importantes en la vida humana, ya sea que este cambio haya sido impuesto en nosotros, o que nosotros hayamos creado el cambio y estemos anticipándonos ansiosamente para sus posibilidades. Pero la mayoría de la gente no administra el cambio en forma efectiva y positiva.

La forma como nos relacionamos con el cambio va a tener un impacto muy importante en nuestra calidad de vida, y en el hecho de que lleguemos o no a cumplir aquello para lo cual fuimos creados durante nuestro tiempo en esta tierra.

El poder entender cómo mirar, responder, y beneficiarse del cambio es vital para poder tener una vida bien balanceada y llena de realización.

Dios es el innovador original que inició el principio del cambio en la tierra, por medio de crear tiempos y estaciones. *"Y dijo Dios: '¡Que haya luces en el firmamento que separen el día de la noche; que sirvan como señales de las estaciones, de los días y de los años'"* (Génesis 1:14). Nuestro mundo funciona en el tiempo, debido a que Dios lo creó de esta manera.

Los ritmos naturales existen alrededor de todos nosotros. Existen temporadas o estaciones en la naturaleza, con sus cambios correspondientes en el clima, así como también existen estaciones y temporadas en nuestros cuerpos. Existen temporadas o estaciones en nuestras vidas personales y existen temporadas o estaciones dentro de las oleadas de cambio de la historia de la humanidad. La naturaleza misma de las estaciones implica cambio.

Algunos de los cambios que experimentamos son el resultado de actos malignos perpetrados por otras personas. El pecado entró al mundo cuando la humanidad se rebeló en contra de Dios y quiso hacer las cosas a su propia manera. Pero el cambio en si mismo no es un resultado de la caída de la humanidad. Ha sidocreado como parte de la creación misma.

Todo tiene su momento oportuno; hay un tiempo para todo lo que se hace bajo el cielo" (Eclesiastés 3:1). Una de las promesas de Dios es que todo en esta tierra existe sólo por una temporada o estación. Esta verdad muy bien puede ser llamada "la paradoja de la promesa".

Existen cinco principios fundamentales del cambio que son (1) *nada en esta tierra es tan permanente como el cambio mismo*, (2) *el cambio es continuo*, (3) *todo cambia*, (4) *el cambio es inevitable*, y (5) *el cambio es un principio de la vida y de la creación.*

Cada vez que tú confrontas el cambio—especialmente el cambio que consideras destructivo o estresante—no debes sentir que tú te encuentras sólo en todo esto. ¡Todos nosotros estamos sujetos aeste cambio!

El cambio es el "igualador" humano. Es una experiencia que todo ser humano va a llegar a tener. Si tu piensas que las cosas no están cambiando, sólo debes esperar una semana o un mes o un año. Tu nacionalidad, raza, origen étnico, lenguaje, disposición, salud, juventud, talento, inteligencia, popularidad, éxito, ambición, o tus buenas intenciones no te hacen inmune al cambio: no importa quién eres tú, tu vas experimentar el cambio.

El cambio es la esencia de nuestra experiencia en esta vida. Las estaciones pueden ser físicas, mentales, emocionales, espirituales, o de tipo social. La palabra *estación* muy frecuentemente se usa para definir el cambio que no se realiza en un corto plazo, sino que al contrario contiene un período extendido de transición. Las estaciones involucran el reemplazo de un medio ambiente o condición con otro diferente.

Normalmente experimentamos cuatro clases diferentes de cambio en la vida: (1) el cambio que nos sucede *a nosotros*, (2) el cambio que sucede *alrededor de nosotros*, (3) el cambio que sucede *dentro de nosotros*, y (4) el cambio que *nosotros mismos iniciamos*.

El cambio que nos sucede *a nosotros* afecta nuestra vida personal, familiar y nuestra carrera. El cambio que sucede *alrededor de nosotros* afecta nuestra sociedad, nuestra nación, o el mundo, pero también tiene algún tipo de impacto en nosotros de forma personal.

El cambio que sucede *dentro de nosotros* afecta quienes somos en forma física, emocional, mental o espiritual. El cambio *que nosotros mismos iniciamos* es creado o alterado por planes que nosotros mismos implementamos para movernos del presente hacia un futuro que preferimos.

El cambio nos transporta del presente hacia un futuro que demanda una respuesta de nuestra parte.

La persona común y corriente no *responde* ante el cambio—el o ella solamente *reacciona* ante el. El hecho de reaccionar significa tener una actitud negativa hacia el cambio—ansiedad, temor, desesperación, enojo—o también significa tomar una acción en contra del cambio antes de ponerse a pensar verdaderamente acerca de sus consecuencias. El solo *reaccionar* ante el cambio básicamente le otorga al cambio la ventajasobre ti, rindiéndote como una víctimade tus circunstancias.

Negar el cambio significa insistir en seguir haciendo los negocios en forma rutinaria y usual—siendo que lo rutinario y usual ya no existe.

El cambio siempre es la introducción del futuro en el presente. El cambio es el mañana tomando dominio del día de hoy, y el hecho de negarse al cambio es una decisión para vivir en el pasado. Eventualmente, ponerse a negar el cambio es convertirse en alguien irrelevante.

No es saludable ponerse a creer que la vida siempre va a permanecer de la misma forma. Todo puede estar estable por el momento, pero va a existir un periodo de transición o un momento de tensión nerviosa en el futuro. La mayoría de las desilusiones y tensiones nerviosas de la vida vienen del hecho de que nosotros estamos tratando de mantener las cosas de la forma como eran o estamos esperando que permanezcan en la forma que siempre fueron.

Algunas gentes terminan sacrificando su vida por su pasado que ya se había perdido. Ellos pierden oportunidades para poder disfrutar las relaciones que todavía tienen, o de poder conocer nuevos amigos, de incrementar su conocimiento, y de poder explorar territorios desconocidos con relación a sus verdaderos potenciales—y todo esto a fin de tratar de proteger la forma en que la vida solía ser en el pasado.

Si *sabemos* que todo en esta vida dura solamente una temporada o una estación—y esto tiene que convertirse en una revelación individual para cada persona—entonces esto disminuye un poco el impacto en nuestra vida, cuando lleguemos experimentar situaciones que de otra manera nos hubieran llevado al dolor, a la desilusión, o al temor.

No importa cuál sea la fuente y origen del cambio—ya sea que se trate de algo personal, social, político, económico, o espiritual—no podemos mantenernos pretendiendo que el cambio no está sucediendo. El hecho de pretender algo no va a tener efecto alguno sobre el cambio. Debes buscar entender y aceptar su realidad, y debes dedicarte a cumplir la nueva función que el cambio demanda de ti.

La única manera para poder moverse hacia delante en dirección adonde quieres ir en esta vida, sin importar las circunstancias donde te encuentres, es por medio de iniciar el cambio que deseas, y por medio de confrontar el cambio que no deseas en forma constructiva.

En general, debes pensar del cambio como si fuera tu amigo, en lugar de pensar en él como si fuera tu enemigo. El cambio no es el tipo de "amigos" que se va a sentar y se va a lamentar contigo en esa fiesta de auto conmiseración, sino al contrario, es un amigo que te va a motivar para que llegues a ser lo mejor que puedes ser en esta vida. Debes mirar al cambio como la llegada de una oportunidad, en lugar de verlo como una invasión de destrucción.

Cuando el cambio llega a ocurrir, debes buscar poder entender el valor tanto de tu pasado como de tu presente, así como las funciones que has tenido en ambos. Cada uno de nosotros somos muy importantes dentro del gran programa quc el Dios Creador tiene con relación a Su ropósito en este mundo, y los propósitos de Dios siempre continúan, incluso cuando las circunstancias y las gentes cambian.

Si tu reaccionas solamente, tu eres una víctima. Si tu respondes, tú eres un vencedor.

Si tú reaccionas solamente, el cambio es quien dirige tu vida. Si tú respondes, *tú eres* quien diriges tu vida.

El hecho de saber como responder ante el cambio inevitable, en lugar de simplemente reaccionar ante él, te puede mantener en paz durante cualquier cambio que llegues experimentar. Responder ante el cambio en lugar de simplemente reaccionar ante él, también te capacita para crecer mucho más fuerte y prepararte para la siguiente fase de tu vida.

Si tú te vas a involucrar de lleno en esta vida, entonces no debes ignorar la verdad acerca del futuro. Esto sostiene una de dos opciones para ti: responder efectivamente ante el cambio, o convertirte en una víctima de él. *Tú tienes el poder para poder determinar la calidad y la efectividad de tu futuro, por medio de responder ante el cambio.*

Integrarte en el cambio no significa necesariamente que tu tienes que apoyarlo. Tu entiendes que se trata de una realidad, y por lo tanto, te colocas en tal posición que te permita moverte hacia delante en la vida aún en medio de este cambio. Si tú apoyas este cambio, tu vas a buscar en forma muy activa cooperar para que este cambio se realice. Tú lo abrazas y buscas el lugar que tu tienes en medio de esto.

Podemos convertirnos en parte del proceso de Dios, lo cual siempre obra para nuestro bien, siempre y cuando estemos alineados con Sus propósitos. (Favor de ver Romanos 8:28). Cuando nos encontramos alineados de acuerdo a los planes de Dios, vamos a poder tener confianza en cualquier situación, sin importar que tan inestable ésta sea.

No podemos pelear en contra del cambio, siendo que la mano de Dios verdaderamente se encuentra en ello. Cuando suceden los cambios que han sido ordenados por Dios, tú no quieres simplemente dejar que el cambio suceda—tú quieres *ayudar* para que el cambio se realice. Todos aquellos que sobreviven y que se benefician en medio de los cambios, son capaces de entender sus lugares dentro de este proceso, y de la misma forma, son capaces de participar completamente en todo aquello que el cambio tiene la intención de transmitirnos o entregarnos.

El cambio va a suceder ya sea que cuente con nosotros o que no. Podemos ser tentados a alejarnos de esta participación activa en los propósitos que Dios tiene, tomando esto como una manera de expresar nuestra molestia en contra de la voluntad de Dios. Esta actitud tan peligrosa dice lo siguiente, "Si yo no me encuentro a cargo de todo y controlándolo todo, entonces yo no me voy involucrar".

Todos aquellos que se preparan y planean para el cambio nunca van a poder ser sorprendidos por él, debido a que pueden entender que el cambio es una parte integral de la vida.

Nuestra salvaguarda en contra de los efectos destructores de eventos y circunstancias para las cuales nos encontramos preparados, consiste en estar *esperando* continuamente que ocurra el cambio en todas las áreas de nuestra vida. Si somos capaces de digerir esta única verdad, esto nos va a preparar para poder manejar muchos de los retos que acompañan al cambio.

Una respuesta muy constructiva ante la realidad inevitable del cambio es preparar tu mente, tus emociones, tu familia, tus finanzas, y muchas otras cosas para un número de posibles eventualidades. Debes prepararte a ti mismo no sólo para aquello que *quieres* que suceda, sino para todo aquello que *podría* suceder.

Por medio de planear y prepararse para el cambio, tú estás reduciendo el estrés y el temor, ganando un mayor control sobre tus circunstancias y el medio ambiente que te rodea, estás aumentando tu confianza y estás haciendo el cambio tu sirviente. Esta es la esencia de la *respuesta ante el cambio*, lo cual se opone a simplemente *reaccionar ante el cambio*, debido a que requiere de una preparación previa.

Debes evitar convertirte en una persona insegura, ansiosa, o muy enojada con relación al cambio, por medio de estar esperándolo, y siempre tener a la mano un plan de contingencia. Si no existe nada que tú puedes hacer para prevenir cierta situación, debes poner un plan en acción a fin de voltear todo esto a tu favor. Siempre debes pensar en términos de reestructurar tu situación a fin de ayudarte a lograr tus metas y objetivos.

Iniciar el cambio significa darse cuenta de su potencial y poder, y comenzar a crear en forma activa, a fin de poder realizar tu visión y los objetivos que tienes para tu vida, todo lo cual esta basado en tu propósito.

Iniciar el cambio significa que tú (1) determinas cuales son los cambios en tu vida y en tu medio ambiente que van a servir mejor a los propósitos para los cuales tú has sido llamado a cumplir en esta tierra y (2) ordenas tu vida y el medio ambiente que te rodea de acuerdo a estos intereses que mejor te convienen.

Todo cambio va a tener un precio, incluso si este precio sólo consiste en la pérdida de todo aquello que nos era familiar. Debemos estar dispuestos a soltar todo aquello que *no está funcionando* para nosotros, a fin de poder ir en busca de aquello que es lo mejor para nosotros. ¿Acaso tú estás dispuesto a soltar el pasado y convertirte en una persona pro activa con relación al futuro? Si es así, tú estás listo para convertirte en un transformador del mundo.

De la misma forma como cada producto tiene una fecha de caducidad, el presente también tiene "una fecha de caducidad". La manera como tú estás pensando actualmente, y todo aquello que tú estás realizando en el presente va a cambiar a través del tiempo, por lo menos en algún grado. Si esto no sucede, ¡tu no estás creciendo y madurando como persona!

Muchas gentes "se sienten ofendidas" en esta vida por medio de sus circunstancias y por medio de aquellos a quienes les echan la culpa de todas estas circunstancias. Pero sentirse ofendido es algo que lastima profundamente el espíritu de una persona. El principio del cambio nos asegura que los buenos tiempos no van a continuar para siempre, y que debemos estar preparados para evitar esta trampa de sentirnos ofendidos.

Tú no puedes basar tu valor personal en ninguna de las cosas que tú posees. Si tú lo haces, entonces vas a perder tu valor cuando ya no llegas a poseerlas. En esencia, los efectos del cambio van a hacer capaces de reducirte a nada.

Tú tal vez estás esperando demasiado de otras gentes—o incluso de ti mismo. Aunque querramos conducir nuestras vidas con toda excelencia, somos incapaces de controlar todas las cosas, y ni siquiera deberíamos intentarlo. Tratar de controlar todo lo que sucede alrededor de ti va a sobrecargar tu cuerpo con estrés y tensión nerviosa.

Dios no va a permitir que nada venga a tu vida, a menos de que puedas levantarte por encima de ello con Su ayuda.

El cambio crítico se refiere a un evento traumático de la vida, a un punto crítico que cambia por completo la forma de vida de uno mismo, a un cambio radical en el estatus personal o profesional de una persona, una situación urgente que necesita ser confrontada, un reto muy agudo para nuestro estatus o "una hora cero" cuando se necesita hacer una decisión o un cambio urgentemente.

El cambio crítico incluye tanto una disrupción, como una nueva reorganización en la vida de las gentes. Los obliga a tratar con nuevas relaciones, nuevos asuntos, medio ambientes y circunstancias.

El cambio crítico puede convertirse en el mayor motivador para el progreso. Los períodos en que enfrentamos retos personales, comunitarios, o nacionales, pueden ser tiempos cuando pasamos por el mayor crecimiento en madurez, sabiduría, compasión para los demás, avance social, y desarrollo económico—si es que permitimos que el cambio nos haga crecer y ejercite nuestras cualidades innovadoras.

Debes hacer que tu frase personal durante los tiempos del cambio crítico sea "la innovación". Debes aprender a usar cada situación a fin de llevar al máximo tu crecimiento y creatividad, y de esta manera provocarte a pensar más allá de las normas rutinarias, y que puedas progresar en formas muy significantes.

Se ha dicho que la gente sólo inicia el cambio personal cuando el dolor de permanecer igual excede al dolor del cambio.

Es la comodidad quien crea la *tradición*. Es la incomodidad quien crea la *transformación*. La persona común y corriente no sabe lo que él o ella es capaz de hacer, hasta el momento en que el cambio viene a afectarlos. En general, el espíritu humano lucha para encontrar soluciones ante las condiciones caóticas.

Las águilas son los únicos pájaros que pueden volar *con dirección* hacia las tormentas. Ellas extienden sus alas y utilizan las corrientes del viento que no son normales formadas por las tormentas, a fin de poder planear—lo cual les da la oportunidad de descansar en medio de la tormenta.

Nos podemos llegar a enamorar tan profundamente de todo aquello que ya hemos realizado, que llegamos al punto de cesar y no buscar más aquello que todavía podemos realizar. El cambio tiene una manera para hacernos mover más allá de todo aquello a lo que estábamos acostumbrados, y que nos impresionaba acerca de nosotros mismos. Acorta nuestros períodos de celebración con relación a nuestros propios triunfos, y nos impulsa hacia adelante para hacer cosas mucho mayores.

El hecho de utilizar el potencial que uno posee, normalmente requiere del elemento de responsabilidad. Otra manera de decir esto, es que la *habilidad* requiere de la *responsabilidad* a fin de poderse manifestar. El cambio en las condiciones muy frecuentemente nos obliga a aceptar deberes y obligaciones que nos obligan a ir mucho más profundo dentro de las reservas de nuestra capacidad.

Cuando ocurre un evento o una situación inesperada, esto te puede apresurar a que manifiestes una personalidad que la gente no sabía que se encontraba dentro de ti—y que incluso tu tampoco lo sabías. El cambio inesperado puede ayudarte a manifestar quién eres realmente.

En tiempos de cambio, debemos contar con un elemento en nuestras vidas que es permanente y estable—que trasciende el pasado, el presente, y el futuro. Esta constante nos capacita para que podamos mantenernos bien fundamentados en quiénes somos, hacia donde nos dirigimos, y en los valores por los cuales conducimos nuestras vidas. Nuestra única constante en el cambio es nuestro Dios Creador.

A pesar del hecho que todo en esta tierra cambia, Dios declara lo siguiente, *"Yo, el Señor, no cambio"* (Malaquías 3:6). El Creador nunca cambia, en el sentido de que Él es invariable en Su naturaleza, carácter, e integridad. Sus actos pueden cambiar, pero Sus caminos esenciales nunca van a cambiar. Esta verdad nos da la confianza en medio de los tiempos difíciles y de transición.

Dios no sólo no cambia, sino que también Él es eterno. La eternidad no se encuentra gobernada por el tiempo. Dios existe muy por afuera del tiempo, aunque Él interactúa con los seres humanos y con los asuntos humanos dentro del ámbito del tiempo.

Dios es el mismo ayer, hoy, y por siempre. (Favor de ver Hebreos 13:8). No podemos poner verdaderamente nuestra confianza en ninguna otra cosa, porque nada, ni nadie además de Dios es completamente digno de confianza, ni digno de nuestra dependencia. La más grande seguridad que podemos tener en contra de la desorientación y de las disrupciones del cambio es nuestra dependencia y confianza en el Dios inmutable.

Nuestro Dios nos creó, y Él es fiel en todas Sus promesas. No importa que tipo de cambios lleguen a tu vida, tú puedes depender en Dios para que Él cumpla todo aquello que te ha prometido.

Dios siempre guarda Su palabra. Él nos dice las cosas tal y como son. El nos consuela, pero Él nunca nos da falsas promesas. Dios es alguien en quien podemos confiar completamente, y que nos va a decir la verdad y además nos va a preparar para poder manejarla.

Algunas gentes creen que debido a que Dios nunca cambia, Él nunca va a hacer nada diferente de lo que ya Lo han visto realizar. Cuando Dios trae o permite cambio en sus vidas, a fin de manifestar el propósito que Él tiene para ellos, ellos no saben como reaccionar ante esto. Dios siempre esta obrando en nuestras vidas—y la obra de Dios involucra transformación.

A la gente le han enseñado que Dios quiere que ellos sean muy exitosos, y que esto significa que siempre pueden estar esperando y anticipando "la buena vida". Sin embargo, esta teología ha producido creyentes que no pueden manejar el cambio. En lugar de ser enseñados acerca de la permanencia de la naturaleza y carácter de Dios, ellos han sido enseñados que Dios promete la permanencia *de las cosas.*

Dios nunca garantiza que no van a venir tiempos cuando tenemos que aferrarnos a Sus promesas, sin importar cómo se vean las circunstancias, y muchas veces en contra de todas las probabilidades. En las Escrituras, las gentes que fueron llamadas por Dios para cumplir los propósitos divinos y obtener Sus bendiciones, muy frecuentemente primero tuvieron que perder muchas cosas, antes de que pudieran recibir algo mejor.

Los cambios y las transiciones que vienen a nuestro camino son parte del proceso, y debemos aferrarnos firmemente a los propósitos y naturaleza de Dios en medio de todo ello, para que podamos llegar a salvo al destino que Él tiene para nosotros. Mucha gente ha perdido sus recompensas debido a que han cuestionado el amor de Dios o incluso su propia fe.

Necesitamos poder aprender los propósitos que Dios tiene para nosotros, pidiéndole a Dios que nos guíe, y discerniendo qué es lo siguiente que viene en nuestro camino. Entonces, no vamos a ser sobrecogidos por el presente, mientras que marchamos en camino hacia el futuro. Para nosotros, la vida es impredecible. Para Dios, la vida siempre ha estado moviéndose hacia adelante, con dirección hacia el cumplimiento de Sus propósitos supremos.

No sólo "las cosas buenas" en esta vida son temporales o permanecen sólo por una estación. Cualquier dificultad que tú estás atravesando también va a durar sólo una temporada o estación. Cualquier cosa que te esté sucediendo aquí no va a durar para siempre.

¿Acaso puedes percibir las cosas nuevas que Dios esta haciendo en tu vida? Mantente en contacto con Dios a través de la oración, y a través de leer la Palabra de Dios para que no 10 estar sobrecogido por el cambio que esta sucediendo en tu vida. Confía en Dios como tu *"torre fuerte"* (Salmo 61:3 RVR) y como tu *"roca"* (Salmo 18:2).

Tú tal vez vas a llegar a experimentar un tiempo cuando hay tantos cambios en tu vida, que tú te vas a preguntar, *¿Acaso Dios está en contra de mi?* Este es el momento en que tienes que recordar que Dios permite el cambio a fin de cumplir Sus propósitos en nosotros y a través de nosotros.

"Haré que ellas y los alrededores de mi colina sean una fuente de bendición. Haré caer lluvias de bendición en el tiempo oportuno" (Ezequiel 34:26). *"Las lluvias de bendición"* llegan en temporadas o estaciones. Cuando las bendiciones están comenzando a caer, esto no necesariamente va a ser una condición permanente. Cuando estas lluvias se detienen, ¿acaso tú fe va a permanecer intacta? Tal vez podemos llegar a pensar que Dios nos ha olvidado, pero solamente estamos experimentando una estación o temporada.

Van a existir temporadas o estaciones particulares que van a traer mucho fruto. Tú tal vez has estado trabajando muy duro pero no has visto ningún resultado. Eso es solamente una parte normal de la estación o temporada. Tú vas a poder dar fruto en su tiempo.

Las hojas son una señal de que un árbol es suficientemente saludable para dar fruto. Si tu vida está manifestando "hojas", esto significa que tus "raíces", o tu fe todavía está bien fundamentada. Este es tiempo de confiar en Dios, planear muy fuertemente, y trabajar en forma muy diligente. Va a llegar una estación cuando tú vas a poder "alimentar" a otros a través del fruto que estás dando.

El hecho de reconocer que las estaciones que Dios ha ordenado no pueden ser resistidas, ni usurpadas por la voluntad humana, es vital para la respuesta que tengamos ante ellas. El poder que impulsa estas estaciones va más allá de nuestra comprensión. Aunque Dios nos ha creado a cada uno de nosotros con un libre albedrío, todavía estamos sujetos a los propósitos divinos de Dios para este mundo.

No importa cuales sean nuestros deseos personales o actitudes que tengamos, nunca podemos llegar a controlar una estación o temporada de destino divino que se está desenvolviendo. El comienzo y el final de una estación o temporada de este tipo no han sido determinados por el hombre, sino por la agenda soberana de Dios.

Existe un orden providencial en el progreso generacional de la raza humana. El hecho de poder entender los principios y los beneficios del cambio, especialmente con relación a las estaciones o temporadas, y a los tiempos, es crítico si es que vamos a poder interpretar las actividades de Dios para nuestra generación.

Deberíamos dedicarnos a cumplir las tareas que Dios nos ha dado en nuestras generaciones. Vamos a recibir nuestras recompensas, a medida que seamos fieles en seguir los propósitos de Dios en medio de nuestros tiempos cambiantes.

Dios no *causa* las maldades. Al contrario, Dios *usa* todas las cosas—tanto las buenas como las malas—con el propósito de mover al mundo hacia la intención suprema de Dios para este mundo.

Una convergencia de la historia es un periodo de la historia cuando ocurren eventos muy importantes, trayendo con ellos momentos de transformaciones en las condiciones de lo social, económico, político, y espiritual.

"El consejo de Jehová permanecerá para siempre; los pensamientos de su corazón por todas las generaciones" (Salmo 33:11 RVR).

"Por todas las generaciones" está incluyendo todos los cambios y oleadas de transición en la historia de la humanidad.

Dios está a cargo de todo el universo. Si Él quiere crear una nueva oleada en el flujo de la historia de la humanidad, El lo hará. Si Dios decide cambiar el liderazgo de una nación, El lo hará. Todo lo que la Biblia dice acerca del cambio es mucho más importante de lo que los noticieros están diciendo diariamente.

Existen diez áreas de definición de la vida que actualmente están convergiendo para traer una oleada de transición en la historia de la humanidad. Los tiempos en que estamos viviendo muy bien pueden ser resumidos como la era de la globalización, información, comunicaciones, movilización, diversificación cultural, fusiones y redes de trabajo, longevidad de vida, tecnología, transiciones políticas y religiosas, y una transformación muy rápida.

Aún en medio de todo este cambio, debes confiar en Dios para que trabaje en ti y a través de ti. *"Porque no nos ha dado Dios espíritu de cobardía, sino de poder, de amor y de dominio propio"* (2ª Timoteo 1:7 RVR). Dios nos va a dar la fortaleza y la sabiduría para todos los cambios que tengamos que experimentar en nuestro mundo.

Debemos poder entender los cambios que están realizándose en nuestro mundo y confrontarlos de forma efectiva, o de otra manera, las fuerzas de la transición nos van a jalar con ellas y no vamos a tener influencia alguna en medio de todo esto. Dios nos va a capacitar para que seamos transformadores del mundo, en medio de nuestro mundo cambiante.

¿Acaso te encuentras cómodo interactuando con otras culturas? ¿Qué tanto conoces acerca de los grupos de gentes que son diferentes de ti—ya sea que se trate en tu propia nación o en otra nación? A medida que tú buscas ser parte del propósito de Dios para el mundo de hoy en día, ¿acaso vas a ignorar o vas a aceptar la realidad del cambio cultural?

Es vital poder contar con un entendimiento de todos los asuntos que tienen que ver entre las diferentes culturas. Todos aquellos que rehúsen a aventurarse, explorar, y aprender acerca de otras naciones y los modos de vida de sus ciudadanos van a convertirse en personas analfabetas culturalmente dentro del siglo veintiuno, y es muy probable que lleguen experimentar un shock cultural eventualmente.

El hecho de vivir en una era de diversificación y creación cultural significa no tener temor de otras naciones y grupos étnicos, manteniéndose informado y muy conocedor acerca de ellos, y estando dispuestos a cruzar el puente de las diferencias culturales, a fin de encontrar una comunicación efectiva, y poder expresar el amor de Dios a los demás, y compartir el Evangelio.

El mandato de la Iglesia siempre ha sido multinacional y multicultural en su perspectiva. La Iglesia del siglo veintiuno, por lo tanto, requiere un punto de vista multinacional, interracial, y que trascienda las generaciones, para que pueda ir más allá de cualquier agenda de alguna nación, grupo social o político.

Una muy buena respuesta ante el cambio religioso en el mundo y en nuestras sociedades, consiste en asegurarse de que nuestras propias creencias y valores son suficientemente fuertes para pararse firme y poder interactuar con culturas que son diferentes de la nuestra.

El cambio que se está llevando a cabo es muy emocionante para algunas gentes. Para otros, este tipo de cambio amenaza su equilibrio mental y emocional. Tenemos que poder aceptar las oleadas de cambio transicional y tratar con ellas, en lugar de simplemente permitir que estas oleadas se levanten sobre nuestras cabezas y acaben por ahogarnos.

Podemos iniciar el cambio solamente por medio de movernos hacia el futuro.

Los pasos del hombre justo son ordenados por el Señor. (Favor de ver Salmo 37:23). Si tú te encuentras caminando en la voluntad de Dios con todas tus fuerzas, entonces no importa que tipo de cambios se estén realizando, Dios te tiene completamente cubierto.

¿Por qué es que Dios nos coloca en diferentes lugares durante esta vida? Dios nos coloca en esos lugares a fin de que podamos influenciar a otros, y que podamos cambiar el curso de eventos, y también para proteger Sus propósitos divinos. Esta es la razón de que una de las cosas más importantes que tú debes hacer es descubrir cuál es tu posición en esta vida. ¿Para qué es que tú naciste?

El Salmo 138:8 dice lo siguiente,*"El Señor cumplirá en mi su propósito"*. Ninguna fuerza o circunstancia externa puede detener el destino de Dios para tu vida. Sólo tú puedes detenerlo—por medio de ignorarlo, por medio de rebelarte en contra de él, o por medio de rendirte completamente. Dios no quiere que tú te pierdas todo aquello que Él ya ha garantizado que tú debes cumplir.

El tiempo es uno de los más grandes dones que Dios ha dado la humanidad. Nos provee la oportunidad de poner nuestras prioridades en orden y de establecer los cambios en nuestra vida. Tú puedes hacer una decisión ahora mismo a fin de comenzar a cumplir tu propósito. Tú puedes cambiar tu comportamiento a fin de llegar a tener una experiencia diferente.

Eclesiastés 3:1 (LBLA) dice lo siguiente, *"Hay un tiempo señalado para todo, y hay un tiempo para cada suceso bajo el cielo"*. Debemos encontrar tan pronto como nos sea posible el propósito para el cual fuimos creados en esta vida, porque nos ha sido dado un cierto período de tiempo dentro del cual tenemos que cumplirlo. Tú no tienes toda la eternidad para cumplir tu propósito. Existe una estación o temporada para todas las cosas.

Tú puedes tomar las cosas fuera de su temporada o estación, pero entonces ellas nunca van a trabajar bien para ti. Las estaciones traen consigo sus bendiciones inherentes. Debes seguir tratando de discernir tus estaciones o temporadas, a medida que tú buscas la dirección de Dios para tu vida. Cuando sea tu estación de cosecha, las puertas van a comenzar a abrirse, la gente va a comenzar a ayudarte, y todas aquellas cosas que habían sido tan difíciles se van a convertir en algo muy fácil.

Dios te va a capacitar para que puedas cumplir los deseos que El ha planeado para ti mucho antes de que el tiempo mismo comenzara—y son deseos que Dios ha colocado en tu corazón. Permite que tu propósito te lleve a través de las presiones, retos y cambios de la vida.

La *tradición* es el más grande impedimento para los cambios positivos que tú deseas. Cuando digo *tradición*, no me estoy refiriendo a las verdades eternas. El buen juicio y los principios saludables basados en la Palabra de Dios se aplican todo el tiempo. Pero hacer algo simplemente porque "siempre se ha hecho de esta manera" simplemente eterniza el estatus quo, siendo que lo que realmente estamos necesitando es la innovación.

Cuando estamos encarando problemas en la sociedad que son inesperados, o aún problemas que ya habíamos anticipado, el cambio básicamente nos está diciendo, "Tienes que inventar algo para corregirme".

Cuando hemos ignorado los métodos y prácticas establecidas, y estamos dependiendo en los éxitos del pasado, y contando en la experiencia como nuestro mejor y único maestro, podemos estar cegándonos ante las nuevas posibilidades. Todos aquellos que dirigen el cambio muy frecuentemente tienen que "pasar por alto" la experiencia a fin de poder intentar algo que nunca se había tratado antes. La gente que establece nuevas fronteras va a tener mucho éxito a través del cambio.

Una manera en que definimos la grandeza es por la cantidad de cambio positivo que una persona ha sido capaz de crear. Aquel que más ha influenciado al mundo es Cristo Jesús. Todos recordamos a Jesucristo por el cambio redentory eterno que El trajo a través de Su vida, muerte y resurrección. La cantidad de cambio positivo que Jesucristo inició jamás puede llegar a ser calculada humanamente.

Debido a que la mayoría de las personas gravitan alrededor de la ilusión de la seguridad, ellos piensan que existe un lugar o una condición ue pueden alcanzar en esta vida, y donde ellos pueden dejar de cambiar. Si esto fuera posible, ellos también dejarían de crecer, de expandirse, de progresar, moverse y desarrollarse.

Si una compañía cree que ya tiene *la* fórmula para el éxito, y que esto nunca va a cambiar, esto significa que ha sellado su propia destrucción. Si una comunidad piensa que ha alcanzado un estado perfecto de gobierno o de crecimiento, esto significa que ha comenzado a declinar. Una de las más grandes tentaciones humanas es creer que tú ya has llegado.

Mientras más viejo tu llegues a estar, mucho mayor es el cambio que tú debes iniciar. El hecho de mantener el deseo de seguir creciendo y la voluntad de responder ante el cambio te mantiene como un miembro vital y contribuyente de la familia humana. Pero tú vas a tener que trabajar en contra de la cultura: mientras más viejas son las gentes, ellos están siendo motivados a realizar o a involucrarse en menores cambios.

La persona común y corriente nunca dirige el cambio—él o ella son dirigidos por el cambio. Cualquiera que dirige el cambio va a contribuir en forma muy importante a su generación. La historia es un registro de gentes y eventos que han cambiado la vida humana de alguna manera. Si tú quieres dejar una marca en la historia, tú debes iniciar o llevar el cambio a su máximo potencial.

Los agentes de cambio mezclan la experiencia y la posibilidad dentro de una *nueva* experiencia. La habilidad que tú tengas para aprender cómo aplicar en forma efectiva nuevas formas de pensamiento, como usar nuevas herramientas, y cómo usar las herramientas viejas en formas diferentes y nuevas, van a determinar si tu cres un iniciador del cambio o una víctima del cambio.

El cambio nos reta en muchas maneras, pero todas estas formas pueden ser destiladas hacia un cambio principal: una prueba de nuestra madurez. Pablo indicó que debido a que Dios estaba con él, él podía experimentar pruebas, tribulaciones, angustias, persecuciones, hambres, desnudez, peligros de varias formas, peligros de espada, y aun así estar suficientemente maduro a fin de poder responder ante todo esto. (Véase Romanos 8:31–37).

La decisión que tú tomes acerca de edificar tu vida sobre la roca en lugar de edificarla sobre la arena no te hace inmune a la tormenta, pero *si afecta* el resultado—llega a afectar la forma como tú vas a poder sobrevivir. (Favor de ver Mateo 7:24–27).

Tu fe no siempre va a poder repeler el cambio. Al contrario, el cambio *viene a proveer* la realidad de tu fe.

Existen cuatro principios del cambio y de la madurez que son los siguientes: (1) el cambio prueba quienes somos y quienes decimos ser, (2) la madurez de una persona es medida a través de su respuesta ante el cambio, (3) el cambio manifiesta la madurez si es que realmente existe, y (4) a través del cambio, *podemos aprender* la respuesta madura ante los tiempos de incertidumbre.

Algunas gentes se lamentan durante muchos años con relación a aquello que ya sucedió, o por aquello que nunca sucedió, por lo que pudo haber sucedido, aquello que solían hacer, y la forma como las cosas acostumbraban ser. Todos aquellos que son maduros miran al futuro y se enfocan en cumplir los propósitos que tienen para esta vida.

La madurez no tiene nada que ver con tu edad. Tiene que ver con la habilidad que tengas para poder mantener tu equilibrio, perspectiva, y paz interna en medio del caos inesperado. Si el cambio te debilita o desarma tus facultades mentales, de tal manera que ellas no pueden responder y funcionar en una manera positiva y progresista, tú puedes ser descrito como una persona inmadura.

Cuando el cambio llega a ocurrir, todo el mundo alrededor de ti puede creer que es un caos total; ellos pueden creer y pensar que es el peligro y la destrucción total. Pero tu puedes verlo con un punto de vista diferente, por medio de darte cuenta que, *Dios promete que todas las cosas van a funcionar para bien, y por lo tanto existe algo bueno que yo tengo que buscar en todo esto.*

Cuando tú llegues a experimentar el cambio en la forma de pruebas o tribulaciones, *"considérense muy dichosos"* (Santiago 1:2). ¿Por que? No porque tu seas inmune al dolor o a los problemas, sino debido a que tú *conoces algo diferente*. Tú conoces que esta prueba ha venido para probar tu fe, para desarrollar tu perseverancia, y para convertirte en una persona más madura.

No permitas que las cosas negativas que te sucedan te conviertan en una persona negativa. Convierte todas estas cosas en algo positivo, y úsalos como el fundamento de tu siguiente jugada o movimiento. Una persona madura usa la adversidad para hacerse avanzar hacia delante. Debes permitir que el cambio te mueva hacia adelante en tu madurez personal, en tus habilidades y destrezas. Debes usar el cambio en tu vida, de la misma forma como usarías la disciplina.

A medida que iniciamos y llegamos a cumplir los propósitos que Dios nos ha dado, nos convertimos en agentes de cambio. Un agente de cambio (1) esta abierto para poder escuchar al Espíritu Santo de Dios, Quien es el que revela las estaciones o temporadas, (2) estudia y puede entender los tiempos, (3) aumenta sus conocimientos, y (4) aplica sabiduría. Para poder iniciar un cambio positivo, debemos aplicar todo nuestro conocimiento y entendimiento, conjuntamente con el buen juicio.

El hecho de involucrarse con el cambio comienza con una preparación mental: (1) una expectativa acerca de que el cambio es inevitable, (2) la seguridad de lo que tú vales ante los ojos de Dios, (3) la certeza del valor que tiene tu contribución para la generación en que vives, (4) la decisión de ir en busca de la visión para tu vida, y (5) la determinación de perseverar en esa visión.

Cuando tú eres un agente de cambio en los propósitos de Dios, tú nunca debes confundir el hecho de ser un agente del cambio, con el hecho de ser el Autor del cambio. A final de cuentas, el cambio está sucediendo *a través de ti* y *nunca fue originado por ti*. Tu estación o temporada de cambio no tiene nada que ver con la fama o con otras formas de auto gratificación. Debes permitir que la humildad, el entendimiento, y la sensibilidad sean las marcas de tu liderazgo.

El cambio positivo puede ser obstaculizado cuando todos aquellos que han sido llamados a ser agentes de cambio tienen miedo de aceptar su llamamiento. Es muy natural tener sentimientos de desconcierto y de temor, los cuales acompañan cualquier aventura que se adentra hacia un territorio desconocido. Debes abrazar tu llamamiento como una obligación divina, así también como una responsabilidad humana que tienes hacia el resto de los seres humanos.

Todo aquello a lo que Dios te ha llamado, El va a proveer para ello. Dios te dio el potencial, la habilidad, los dones y talentos, a fin de que puedas manejar las responsabilidades que necesitas cuando te encuentres en una estación o temporada de transición. Después de que has descubierto tu verdadero propósito, debes levantarte a la altura de la tarea que tienes que cumplir, sabiendo que tú fuiste diseñado para este momento. Debes permitir que el inicio del cambio transforme tus temores en fe.

La vida verdaderamente es un regalo de parte de Dios. El hecho de habernos sido otorgada, es una bendición para nosotros, y necesitamos saber manejarla en forma muy cuidadosa y con mucha sabiduría. Podemos hacer esto por medio de desarrollar, iniciar, y monitorear un plan que traiga un cambio positivo, y que nos ayude a cumplir el propósito que el Dios Creador ha diseñado para nuestra vida.

Nuestros destinos en la vida son determinados por medio del entendimiento que tengamos de los propósitos que Dios tiene para nosotros. Nuestros propósitos, por lo tanto, determinan el inicio del cambio en nuestra vida—incluyendo las prioridades que establecemos, las prácticas que nutrimos, y los hábitos diarios que seguimos—que a final de cuentas nos van a llevar al cumplimiento de esos propósitos.

El hecho de haber sido llamado a un propósito, en sí mismo, no nos prepara para ese llamamiento. Tú debes poner todas las cosas en orden a fin de alistarte para ese llamamiento. Cada ser humano tiene un libre albedrío; por lo tanto, debemos hacer la *decisión* de *seleccionar nuestros destinos escogidos por Dios*, y hacer todo lo que sea necesario para llegar a cumplirlos.

El cambio en tu vida no va a suceder por sí mismo. Tú debes tomar decisiones y planear el curso de tu vida. En primer lugar, debes contestar estas preguntas: (1) ¿Hacia donde quiero ir en esta vida? (2) ¿Cuáles son los deseos inspirados por Dios y que se encuentran en mi corazón? (3) ¿Qué es lo que quiero lograr—en forma específica? (4) ¿Cuál es mi destino en esta vida? (5) ¿Qué es lo que necesito para poder llegar ahí?

Después de que tú conoces los cambios que necesitas hacer en esta vida, a fin de poder realizar tu propósito, y que tienes un plan detallado para poder llegar ahí, tú debes monitorear o darle seguimiento a tu curso, por medio de permanecer en constante comunicación con el Dios Creador, y estar evaluando continuamente tus decisiones y actividades de acuerdo con tu plan.

Mientras que estás yendo en busca de tu propósito, tienes que mantenerte en una relación muy cercana con Dios, y seguir todas Sus instrucciones cada día a través de leer la Palabra de Dios y por medio de la oración. Dios puede ver todo el panorama por completo, y El conoce la forma de poder ayudarte para que evites los obstáculos o tormentas que se encuentran delante de ti.

Se necesita tomar decisiones de calidad para poder hacer un cambio efectivo. Si tú realizas esa decisión de calidad en el comienzo, y le das seguimiento todo el camino hasta el final, el cambio que tú deseas se va a convertir en una realidad.

No todos los cambios resultan en una mejoría. Pero sin el cambio, no existiría la posibilidad de mejorar. Si tú quieres mejorar, tienes que alterar algo que existe en tu vida. *Tú* puedes determinar si vas a iniciar el cambio para mejorar tu vida o simplemente vas a permitir que las circunstancias devaloren tu vida completamente.

Debes cambiar *a través de tu propósito*, para que no seas forzado por el cambio, sino impulsado por tu propósito. Debes iniciar un cambio ordenado para el beneficio de ti mismo y de tu medio ambiente, encarando los tiempos de transición con optimismo, energía, e involucrándote personalmente en todo esto.

Siete maneras para planear y prepararse para el cambio son: (1) aumentar la base de tus conocimientos, (2) desarrollar nuevas habilidades, (3) invertir en fuentes de recursos educacionales, (4) desarrollar asociaciones con nuevas gentes, (5) reordenar tus prioridades, (6) ajustar tus expectativas, y (7) practicar buenos hábitos espirituales para desarrollar una muy fuerte relación con Dios.

Si tú te sales del curso de tu propósito, es muy importante que no te desanimes y que no te convenzas a ti mismo que "no vale la pena seguir tratando". Es vital que no permanezcas fuera de curso, sino que de inmediato hagas una corrección en tu curso para regresar y volver a alinearte con tu propósito. Nunca es muy tarde para cambiar.

Si nos rendimos en nuestros propósitos muy pronto, corremos el riesgo de pasar por alto o incluso impedir la llegada de vehículos de cambio muy importantes para nuestra vida.

Debes hacer una revisión muy honesta, mirando donde es que te encuentras con relación a los cambios que tienen que ver con tu propósito, que quieres realizar en tu vida. ¿Acaso te has desviado de ellos? En nuestros corazones, la mayoría de nosotros sabemos exactamente lo que estamos haciendo y hacia donde nos dirigimos. Todos nosotros sabemos los hábitos diarios que tenemos. No podemos hacer trampa sustituyéndolos con atajos o sustitutos tramposos.

Debes preguntarte a ti mismo, *¿Acaso me desviado del curso que me lleva al futuro que prefiero? ¿Qué o quién me ha desviado de curso y me ha mantenido desviado? ¿Por qué es que no he podido avanzar? ¿Acaso lo que estoy haciendo tiene un valor eterno? ¿Acaso me estoy convirtiendo en la persona que quiero llegar a ser?* Entonces, debes regresar y dedicarte a hacer todo lo que sea necesario a fin de realizar tu propósito.

Las claves para la corrección del curso son: (1) revisar, analizar, y volver a establecer la visión de tu vida, (2) evaluar tus obstáculos, (3) aprender de las fallas de los demás, (4) recibir buen consejo de alguien más, y estar dispuesto a dar cuentas a esas personas, (5) cortar con todas las relaciónes que sean peligrosas para ti y, (6) ponerte a buscar la *"salida"* (1ª Corintios 10:13) de cada tentación.

No debes permitir que ninguna crisis cambie la dirección de tu curso; permite que tus *decisiones* cambien tu curso. Debes poder recibir todas las bendiciones, posibilidades, y oportunidades que Dios tiene para ti. El pasado es historia. Hoy es el comienzo de tu futuro.

Es imposible poder dirigir sin cambio, por lo tanto el cambio es una de las más grandes cualidades de un líder. El propósito mismo y la esencia del liderazgo es moverse de lo conocido a lo desconocido, a fin de poder crear algo mejor para los demás. Por lo tanto, el liderazgo es creado por, motivado por, sostenido por, y de hecho, existe *por el cambio.*

Debes estudiar las tendencias y las demandas del cambio. Todo aquel que puede leer las estaciones y temporadas del cambio, y que puede estar preparado para actuar en ellas, se llegará a convertir en un líder.

Los líderes tienen una mayor influencia en las condiciones y actitudes de los demás. Si un líder parece estar desorientado o sobrecogido por el cambio, esta reacción muy frecuentemente se va a esparcir en todo el medio ambiente del grupo o de la organización. Los líderes deben responder en forma efectiva ante el cambio, a favor de todos aquellos que están dirigiendo, así como por su propio bienestar.

El líder es quien siempre debe confrontar el cambio primero antes que nadie. Por lo tanto, la función más importante del liderazgo, es la habilidad para poder manejar la confrontación constante que tiene que ver con el cambio, así como poder iniciar el cambio en el momento en que sea necesario. Los líderes están en movimiento en forma continua. Ellos están llevando la gente *hacia* el cambio, *a través* del cambio, y de nuevo *hacia* el cambio.

El cambio es la incubadora del desarrollo del liderazgo. A través de aprender, experimentar, y analizar el cambio, los líderes llegan a descubrir la naturaleza del cambio, el potencial del cambio, la necesidad del cambio, el poder del cambio, el impacto del cambio, los peligros del cambio, los retos del cambio, y los beneficios del cambio.

Los grupos, las compañías, y los países, de igual manera que los individuos, deben involucrarse en campañas de autodesarrollo. Los departamentos de investigación y desarrollo en muchos negocios, han sido diseñados para asegurar la continúa innovación, así como la implementación del cambio para la mejora de la compañía. En la vida de una organización o de un negocio, el éxito requiere de una reinvención periódica.

Un líder ha llegado a ser líder debido a que él o ella ha visitado el futuro en su mente, y ha regresado al presente para poder llevar a otros donde él o ella han estado en el futuro. Los líderes no se tropiezan con el futuro; ellos *planean su camino* en esa dirección. Ellos ayudan a todos aquellos que han invertido en su visión, para que puedan abrazar el cambio y que puedan moverse hacia los objetivos deseados.

Un verdadero líder es capaz de proveer la visión de un futuro preferido, iniciando un cambio de dirección, estableciendo un cambio en el ritmo, y animando la participación para poder alcanzar ese objetivo. El líder guía por medio de crear el siguiente paso hacia el futuro. Él o ella desarrolla el proceso de los programas que son necesarios para producir los cambios que necesitan involucrarse, a fin de moverse hacia delante con dirección a la meta deseada.

Los líderes no se llenan de pánico en una atmósfera de cambio o de caos. Estas condiciones proveen un incentivo que viene a inspirar al líder, por medio de probar su decisión, sus capacidades, potencial, creatividad, y reservas espirituales. Los hombres y mujeres que son valientes tienen la audacia para poder creer en Dios, aún en medio de situaciones que parecen ser imposibles.

Lo que verdaderamente importa, no es lo que te sucede a ti, sino lo que tú haces con relación a lo que te sucede. Los agentes de cambio siempre buscan poder interpretar los cambios en su medio ambiente desde la perspectiva de que todo cambio contiene dentro de sí mismo, las oportunidades que son benéficas para sus propósitos y causas. Los agentes de cambio siempre buscan el bien en todo tipo de situaciones.

Este es el momento para que tú adoptes una nueva mentalidad y un punto de vista completamente nuevo basado en los beneficios del cambio. Tienes que ponerte a realizar todo aquello que imaginabas que era imposible: debes tomar los pasos necesarios para dirigirte hacia el futuro que tu prefieres.

Con todos los cambios que enfrentamos, debemos obtener una visión inspirada por Dios con relación a un futuro positivo—no sólo para nuestra vida en la eternidad, sino también para la vida que tenemos en la tierra actualmente.

Tu puedes pensar de ti mismo en relación con tus fallas del pasado, y en relación con las experiencias negativas que has tenido, o tu puedes confiar en Dios para que transforme tu vida y te de un futuro positivo.

Cada estación o temporada trae oportunidades que debemos usar toda vez que podamos. *"El que recoge en el verano es hombre entendido; el que duerme en el tiempo de la siega es hijo que avergüenza"* (Proverbios 10:5 RVR). Si tú has sido negligente para entrar en tu temporada o estación de cambio, es tiempo que comiences a juntar la cosecha.

El hecho de poder tomar las responsabilidades en nuestra vida involucra poder dar el paso de fe mientras que estamos confiando en el amor y la provisión que Dios tiene para nosotros. Si no tomamos la responsabilidad que nos corresponde, vamos a permanecer en la misma forma como siempre hemos estado. Y si permanecemos en esa misma forma, no vamos a poder llegar a cumplir los propósitos que Dios nos ha dado.

Algunas veces, la gente rechaza la dirección y el propósito claro que viene de Dios, debido a que están temerosos de lo que pueda sucederles o no quieren tomar la responsabilidad que les corresponde, y ponerse a realizar la función que deberían hacer. Si no aprendemos a tomar responsabilidad dentro de nuestras temporadas o estaciones, vamos a sufrir debido a nuestra falta de fe, y debido a nuestra falta de actividad, y vamos a causar que muchos otros sufran debido a todo esto también.

Algunas veces, nos refrenamos de movernos dentro del flujo del cambio al que Dios nos está dirigiendo, debido a que dudamos de nuestras propias capacidades. Tu posees la habilidad de crear, desarrollar, llevar a cabo, y realizar todas las ideas y dones que Dios ha colocado dentro de ti. Dios ya te ha dado todo el potencial que necesitas para poder realizar tu propósito en esta vida.

ACERCA DEL AUTOR

El Dr. Myles Munroe es un orador internacional multi dotado, autor de libros Best Sellers, maestro, educador, consultor gubernamental, consejero y hombre de negocios. Viajando extensamente alrededor del mundo, el tema central de su mensaje es el desarrollo del liderazgo, así como el descubrimiento del destino y del propósito personal y la realización máxima del potencial del individuo. El tema central de su mensaje es la transformación de seguidores en líderes, así como poder llevar el potencial del individuo al máximo.

El Dr. Munroe es fundador y presidente de Bahamas Faith Ministries International (BFMI), que es una red de ministerios con sus oficinas en Nassau, Bahamas, el Dr. Munroe también es el fundador, productor ejecutivo y anfitrión principal de un número de programas de radio y de televisión que están en el aire a través de todo el mundo. El Dr. Munroe ha obtenido títulos de la Universidad Oral Roberts y maestrías en la Universidad de Tulsa, Oklahoma, EE.UU. y ha sido premiado con un número de distinciones honorables a nivel doctorado.

El Dr. Munroe y su esposa Ruth, viajan como un equipo, y se involucran en seminarios conjuntamente. Ambos son líderes que ministran con corazones muy sensibles y una visión internacional. Ellos son padres orgullosos de dos hijos graduados de la universidad, Charis y Chairo (Myles Jr.).